VENTE

Du Vendredi 29 Juin 1900

HOTEL DROUOT, SALLE N° 1

à *2 heures 1/4*

OBJETS D'ART

ET DE

Bel Ameublement

SCULPTURES - TABLEAUX

TAPISSERIES

OBJETS DE VITRINE

<table>
<tr><td>Mᵉ G. DUCHESNE
COMMISSAIRE-PRISEUR
6 — Rue du Hanovre — 6</td><td>M. A. BLOCHE
EXPERT PRÈS LA COUR D'APPEL
28, Rue de Châteaudun</td></tr>
</table>

EXPOSITION PUBLIQUE

LE JEUDI 28 JUIN 1900

DE 2 HEURES A 6 HEURES

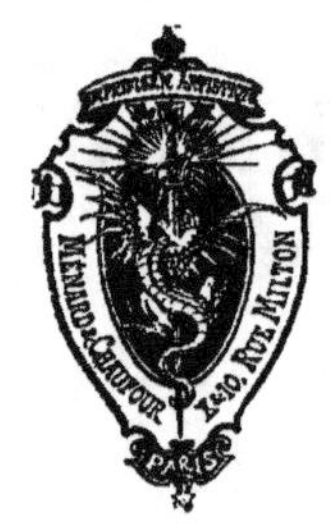

MÉNARD & CHAUFFOUR
240, RUE MILTON
PARIS

CATALOGUE

DE

OBJETS D'ART

MARBRES, TERRES CUITES, BRONZES

Œuvres de CARRIER-BELLEUSE, MADRASSI

Porcelaines, Faïences, Miniatures

Argenterie, Boites, Ivoires, Armes

BEAUX MEUBLES ANCIENS

ET DE STYLE

XVIIIme SIÈCLE et ^{1er} *EMPIRE*

TABLEAUX

Tapisserie -- Tapis de la Savonnerie

DONT LA VENTE AURA LIEU

HOTEL DROUOT, SALLE N° 1

Le Vendredi 29 Juin 1900, à 2 heures 1/4

Me G. DUCHESNE	M. A. BLOCHE
Commissaire-Priseur	EXPERT PRÈS LA COUR D'APPEL
6, rue du Hanovre, 6	28, rue de Châteaudun, 28

Chez lesquels on trouve le Catalogue.

EXPOSITION PUBLIQUE

LE JEUDI 28 JUIN 1900

de 2 heures à 6 heures

CONDITIONS DE LA VENTE

Elle sera faite au comptant.

Les acquéreurs paieront 5 o/o en sus du prix d'adjudication.

L'exposition permettant au public de se rendre compte de la nature et de l'état des objets, il ne sera admis aucune réclamation une fois l'adjudication prononcée.

Paris. — Imp. Ménard et Chaufour, 210, rue Milton.

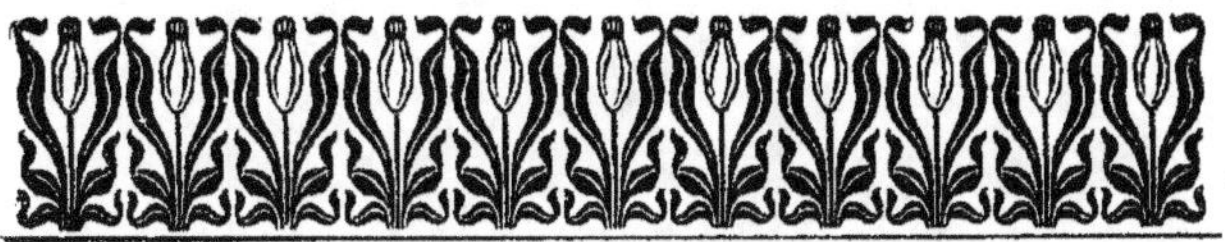

DÉSIGNATION

MEUBLES

1 — Très beau lit en bois sculpté et doré du temps du Ier Empire. Les dossiers à colonnes, ornés de carquois, faisceau de licteurs et mufle de lion. La décoration du lit est complétée par des casques avec, autour, des couronnes de lauriers.

2 — Décor de lit à dôme, deux décors de fenêtre et quatre décors de portes en soie bleue à bandes brochées et bandes satinées alternant avec bordure en soie blanche à décor bleu.

3 — Belle commode de la Régence, en bois de violette et palissandre, ouvrant à quatre tiroirs avec poignées, entrées de serrures, chutes et sabots en bronze ciselé. Dessus en marbre veiné du Languedoc.

4 — Jolie commode en marqueterie de bois de rose et palissandre, ouvrant à trois tiroirs, à encadrement de bronzes et moulures de cuivre. Dessus en marbre blanc. Epoque Louis XVI.

5 — Meuble de salon Louis XVI, en bois sculpté et doré à dossiers cintrés, couverts en soierie rose, rayée et brochée à fleurs, composé d'un canapé et de deux fauteuils.

6 — Meuble de salon en bois sculpté et doré, du temps de l'Empire, recouvert en peluche, composé de : un canapé, quatre fauteuils et deux chaises.

7 — Ecran en bois sculpté et doré, de la même époque. Feuille en glace.

8 — Deux fauteuils en bois sculpté à contours et fleurs, foncés de canne, avec coussins en soierie crème brochée, à fleurs. Epoque Louis XIV.

9 — Deux chaises analogues.

10 — Meuble à deux corps d'aspect architectural en noyer sculpté, décor à palmes et feuillages, fronton à mascaron. XVIIe siècle.

11 — Table ronde en bois sculpté et peint en gris, ceinture ajourée, entre-jambes avec vase de fleurs. Epoque Louis XVI.

12 — Console d'entre-deux sur un seul pied ; ceinture ajourée avec perles et guirlandes de fruits, surmontée d'une glace trumeau à médaillon décoré de guirlandes et branches de laurier. Epoque Louis XVI.

H. 2^{m}75 ; larg. 0^{m}57

13 — Console d'angle, sur un pied en bois sculpté et doré à tête de bélier et guirlandes de fleurs. Epoque Louis XVI.

14 — Armoire en bois sculpté, ouvrant à deux portes, décorées de croix fleurdelysées. XVIIe siècle.

15 — Beau meuble reliquaire s'ouvrant en triptyque en marqueterie de bois, offrant à l'intérieur le Calvaire, composition de six figures en buis finement sculpté, XVIIe siècle.

16 — Petite table en bois noir et marqueterie de bois naturel, à bouquets de fleurs, bordure incrustée d'ivoire, ouvrant à un tiroir. Style Louis XIII.

17 — Quatre beaux fauteuils en bois finement sculpté et doré, montant à cariatides de sphinx, couverts en soierie rayée blanc et rose. Epoque du 1er Empire.

18 — Bois d'écran sculpté et doré, style Louis XV.

19 — Beau paravent à quatre feuilles en bois de fer sculpté, avec panneaux en

satin brodé de Chine de différentes nuances.

20 — Bureau plat en bois de luxe garni de bronze, montants à cariatides de femmes, style Régence.

21-24 — Quatre petites consoles d'angle de forme basse, en bois sculpté, peint en blanc et rehaussé d'or, dessus de marbre. Epoque Louis XVI.

25 — Coffret-tronc en bois sculpté à branchages et daté 1552.

26 — Coffret en bois sculpté, panneau de devant offrant des cariatides d'enfants au milieu de rinceaux feuillagés. XVIIe siècle.

27 — Billard en chêne sculpté avec queues. Porte queues. Marquoir, etc.

28 — Appareil d'éclairage à deux lampes, en bronze pour billard.

OBJETS D'ART

29 — Belle statuette en marbre blanc représentant *la Cruche cassée*, de Madrassi.

30 — Grand buste en terre cuite représentant le Marquis de Visconti en costume amplement drapé, et à longue perruque XVIIIe siècle.

31 — Joli groupe en marbre représentant *Roméo et Juliette* de Gérard

32 — Buste en marbre blanc : *Henriette de Bourbon Conti.*

33 — Buste en marbre blanc : *La nuit.*

34-39 — Suite de six jolies statues en marbre blanc, représentant des saints et des saintes debout. Travail du XVIIe siècle.

40 — Statuette en bronze représentant une nymphe tenant une torche, socle en bois sculpté, XVIIe siècle.

41 — Statuette d'enfant en bronze, patine verte. XVIIᵉ siècle.

42 — Lion en marbre blanc, représenté assis. Travail ancien.

43 — Statuette en bronze représentant Cérès, sur socle en marbre de différentes couleurs. XVIe siècle.

44 — Paire de bouts de table formés par des figurines d'hommes en bronze patine foncée posant sur des socles en bronze doré et portant des cornes d'abondance d'où s'échappent deux rinceaux reliés à un carquois en argent ciselé.

45 — Deux statuettes d'anges en bronze doré. XVIIe siècle.

46 — Deux paires d'applique, en bronze ciselé, et doré, à rinceaux feuillagés. Epoque Louis XVI.

47 — Mortier en bronze à têtes d'hommes et de béliers reliés par des guirlandes de feuillages. XVIIIe siècle.

48 — Bol vénitien en bronze dessin gravé à caractères et ornements.

49 — Paire de flambeaux en bronze ciselé et doré, fuseau contourné à feuillages. Epoque Louis XV.

50 — Belle garniture de cheminée en bronze composée : d'une pendule représentant les Trois Grâces de Carrier-Belleuse supportant le mouvement forme boule couronnée par des figurines d'amours et de deux candélabres formés par des groupes de nymphes portant des vases d'où s'échappent des rinceaux à dix-neuf lumières, socles en bronze ciselé à guirlandes de fleurs. Style Louis XVI.

51 — Lustre en bronze et bronze doré du temps de l'Empire.

52 — Pendule en acajou et bronze doré du temps de l'Empire. Le socle est décoré d'un bas-relief allégorique au mariage.

53 — Paire de candélabres à neuf lumières, en bronze et bronze doré, même époque.

54 — Paire de lampes colonne en bronze, même époque.

55 — Statuette de Moïse en albâtre.

56 — Jolie pendule forme sphérique en cristal martelé et bronze, décor chinois. Sur socle en bois recourbé.

57 — Garniture de cheminée en bronze doré de style Renaissance composée de : Une pendule et deux candélabres.

58 — Statuette en bronze : L'*Imagier du Roi*, de Vasselot.

59-60 — Six assiettes en faïence de Delft, Moustiers, etc.

61 — Cinq assiettes en porcelaine de Chine.

62 — Plat en faïence de Rouen décoré d'armoiries.

63-64 — Sept pièces. Vide-poches, pot, bou-
teille, statuette, écrevisse en faïence décorée.

65-66 — Neuf pièces, plats et assiettes en
faience décoré.

ARMES ET SELLERIE

67 — Harnais de poitrail en cuir, plaqué de
frises en argent repoussé, à rinceaux et
figures de femmes, séparées par un écus-
son armorié, travail méxicain.

68 — Paire d'étriers en métal argenté et doré,
travail méxicain.

69 — Paire d'éperons en argent gravé, de
même travail.

70 — Fouet méxicain à manche d'argent et
lanière de cuir.

71-72 — Couteau de chasse à poignée et four-
reau en argent repoussé offrant en relief
des rinceaux, des palmes et des animaux,
travail méxicain,

73 — Selle méxicaine en cuir décoré en relief, troussequin garni en argent repoussé.

74 — Caparaçon en cuir jaune, décoré en relief.

75-76 — Quatorze pièces : Couteaux, haches et poignards méxicains.

77 — Ceinture en cuir et étoffe brodée, ornée de monnaies d'argent.

78 — Bride de cheval en fils métalliques avec mors ciselé, travail Mexicain.

79 — Lot de fers de flèches.

80 — Arc et seize flèches.

81 — Paire de cornes et une corne.

82 — Défense en ivoire et deux bracelets en os.

OBJETS DE VITRINE

83 — Miniature sur ivoire : Portrait de jeune fille en costume bleu et fichu blanc, coiffée d'un chapeau à nœuds de rubans bleus.

84-86 — Cinq miniatures de l'école anglaise : Portraits de jeunes femmes.

87 — Miniature ronde : Portrait de femme en robe marron avec fichu blanc et parée de joyaux.

88 — Miniature ovale : Jeune paysanne chargée de fruits.

89 — Miniature : Jeune femme en costume rose. Epoque Louis XVI.

90 — Grande miniature rectangulaire : l'Adultère.

91 — Miniature : Portrait d'homme portant la Toison-d'Or.

92 — Miniature ovale : La Rêveuse, **signée** S. S.

93 — Médaillon ovale en argent, émaillé, avec peinture représentant Cérès, **cadre** en strass.

94 — Peinture en grisaille sur émail : Portrait de gentilhomme.

95 — Peinture en vernis de Brunswick : Les Trois sœurs.

96 —- Coffret ancien en émail de **Saxe à** petits personnages.

97 — Tabatière en écaille garnie d'argent.

98 — Boîte en argent ciselé **et** doré avec miniature.

99 — Boîte en bronze ciselé et doré, époque Louis XVI.

100 — Deux salières en argent ciselé, époque Louis XVI.

101 — Plaquette en ivoire sculpté à **sujet** mythologique. Epoque Louis XVI.

TABLEAUX

FEYEN-PERRIN

102 — *Eve.*

GAROFOLO

103 — *Portrait d'homme.*

> Représenté en perruque avec grand col en dentelle. Armoirie à droite.

HENRIQUEZ

104 — *Intérieur de Saint-Pierre de Rome.*

> Dessin à l'encre de Chine et aquarelles.

HENRIQUEZ

105 — *Intérieur d'un palan gréco-romain.*

> Aquarelle, encre de Chine et plume.

JONAS

106 — Paysage : *la Gardeuse de dindons.*

LARGILLIÈRE (Attribué à)

107 — *Portrait de femme.*

> En costume bleu, tenant une branche d'oranger de la main gauche. Toile ovale.

LINTELO (C.)

108 — *Les Betteraves.*

ECOLE ITALIENNE

109 — *Portrait d'Éléonore d'Éstrée.*

> Représentée en pied, en riche costume avec devant en brocart d'or, parée d'un colier de perles, et avec col tuyauté.
> Cadre bois sculpté.

ECOLE ITALIENNE

110 — *Portrait d'homme en perruque blanche.*

ECOLE NAPOLITAINE

111 — *Le Joueur de flûte.*

ECOLE VÉNITIENNE

112-113 — *Portraits de guerriers.*

> Représentés en armures, regardant presque
> de face, la main posée sur leurs casques.
> Inscriptions et dates.
> Deux pendants.

TAPISSERIES

TAPIS DE LA SAVONNERIE

114 — Portière en tapisserie ancienne.

115 — Dessus de meuble de salon de neuf
pièces. Etoffe brochée à fleurs.

116 — Beau tapis de la savonnerii du temps
de l'Empire, dessin rosace.

117-118 — Deux grandes portières en kara-
manie.

119 — Objets omis.

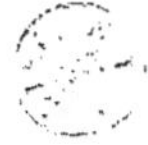